maçã

mela

pera

pera

laranja

arancia

limão

limone

uvas

uva

morango

fragola

melancia

cocomero

coco

cocco

banana

banana

framboesa

lampone

quivi

kiwi

cereja

ciliegia

mirtilo

mirtillo

ameixa

prugna

pêssego

pesca

figo

fico

ananás

ananas

manga

mango

dióspiro

cachi

couve-flor

cavolfiore

curgete

zucchina

beringela

melanzana

cenoura

carota

batata

patata

couve

cavolo

tomate

pomodoro

espinafre

spinacio

brócolos

broccolo

ervilhas

piselli

abóbora

zucca

abóbora-menina

zucca pepona

abacate

avocado

alcachofra

carciofo

cogumelo

fungo

rabanete

ravanello

alho

aglio

cebola

cipolla

beterraba

barbabietola

alho-francês

porro

pimento

peperone

pimenta-malagueta

peperoncino

espargos

asparago